목련을 위한 시

목련을 위한 시

초판 1쇄 발행 2025년 2월 27일

지은이 최종석
펴낸이 장길수
펴낸곳 지식과감성#
출판등록 제2012-000081호

교정 이주희
디자인 강샛별
편집 강샛별
검수 김나현, 정윤솔
마케팅 김윤길

주소 서울시 금천구 벚꽃로298 대륭포스트타워6차 1212호
전화 070-4651-3730~4
팩스 070-4325-7006
이메일 ksbookup@naver.com
홈페이지 www.knsbookup.com

ISBN 979-11-392-2441-2(03810)
값 11,000원

- 이 책의 판권은 지은이에게 있습니다.
- 이 책 내용의 전부 또는 일부를 재사용하려면 반드시 지은이의 서면 동의를 받아야 합니다.
- 잘못된 책은 구입하신 곳에서 바꾸어 드립니다.

지식과감성#
홈페이지 바로가기

自序

부디
외로움에
지지 않기를…….

2025년 2월 최종석

목차

푸른 서표	10	나의 시	28
인생은 오늘뿐	11	불가지	29
입춘	12	꽃의 수다	30
우주의 꽃	13	사월	31
구중형극	14	이중주	32
봄동	15	대유행	33
엄마의 레시피	16	달맞이꽃	34
홍매화	17	빈틈	35
이음동의어	18	아름다운 순간	36
메소드	19	방관자의 죽음	37
개화	20	예술적 불만	38
행복은 지금	21	죄의 딱지	39
축하객	22	느릅나무	40
동그라미	23	명멸하는 삶	41
후각(後覺)	24	짝사랑	42
등불	25	매너	43
엄마 여행	26	생몰년	44
그리움	27	고통 역(役)	45

배움	46	유월애(六月愛)	64
그날	47	구별 없는 아름다움	65
그리운 시절	48	생의 고고학	66
친구	49	행복한 하루	67
오월	50	소설 마을에 가면	68
의미적 인간	51	교실 오감도	69
가시 경전	52	아라홍연	70
작은 위로	53	말 없는 사랑	71
대릉원에서	54	무지와 무식	72
과정의 꽃	55	크레파스와 물감	73
백복령	56	실패자	74
낙화	57	외로운 괴물	75
백 투 더 패스트?	58	'나'	76
푸념	59	장마의 끝	77
스테이플러	60	꿈꾸는 여름	78
나의 문학	61	성실	79
저녁에	62	느티나무	80
붉은 장미	63	행복한 얼굴들	81

인터뷰	82	천국의 말	100
거대한 하루	83	전선	101
고통과 함께	84	새벽	102
호랑지빠귀	85	배추밭에서	103
식당에서	86	미의 여신	104
유령이 머니?	87	속도의 역설	105
일진 스님	88	깊이에 대하여	106
고향	89	빛나는 갈등	107
너만 있으면	90	평범한 행복	108
마이너스의 손	91	금계국	109
영원한 슬픔	92	벅찬 사람	110
구원의 짐	93	잊으려면	111
진리	94	어쩌면 인생은	112
복제 세계	95	죄악	113
환절기	96	어떤 시	114
악마들	97	만추	115
판관과 의원	98	더 시인	116
금사슬나무	99	목련을 위한 시	117

잡초는 없다	118	그 기억	137
작별 인사	119	혼자와 둘	138
나에게로 돌아가자	120	겨울눈	139
반면교사	121	실존	140
평형	122	슬픔의 무게	141
반성	123	인생을 사는 법	142
시 농부	124	연구자	143
십이월	126	졸업식	144
아름다운 폐허	127	회귀	145
생의 결말	128		
미완의 바람	129		
무지개	130		
러너	131		
오래된 비극	132		
마지막 인사	133		
유토피아	134		
손에 대한 기억	135		
그대 이름은 마법사	136		

푸른 서표

눈 덮인 숲속에서
한나절을 서 있었지

매운 바닷가에서
또 한나절을 서 있었지

그렇게도 가슴 아팠던
젊은 날의 그 하루가

지금은 책갈피 꽂힌
가장 아름다운 페이지라네

인생은 오늘뿐

인생은
오늘뿐이야

오늘이 흘러서
과거를 바꾸고

오늘이 흘러서
미래를 바꾸니

오늘을 잘 살면
인생이 아름다운 것

그러니 인생은
딱 오늘뿐이야

입춘

오늘 그대
봄처럼 오신다면
그 얼마나 좋을까요

한겨울 내내
차가웠던 언덕에
그대 봄처럼 오신다면

내 마음속에도
푸른 싹이 움트고
온갖 꽃들 피어나리니

오늘 그대
봄처럼 오신다면
다시 겨울이어도 좋으리

우주의 꽃

사랑하지 않으면
그 무슨 의미가 있나

사랑해야 그립고
사랑해야 밉고
사랑해야 슬프고
사랑해야 아름다운 것을

이 세상 그 무엇이라도
사랑하지 않으면
의미의 꽃 피지 않네

우주 끝에서도 발견된다는
그 꽃이 없으면
지구는 황무지에 불과해

구중형극

사람들이
동시에 웃으니
웬 가시들이 튀어나와
웃지 못한 사람의
가슴에 박힌다

타인의 상처를 위해
입속에서 배양된
무지의 가시들
야만의 가시들

내 입속에는
그런 가시가 없는지
남몰래 혀를 굴려 본다

봄동

봄동을 먹으면
온몸으로 퍼지는
녹색의 물결

한겨울에 드리운
굵은 동아줄이
땅속 깊은 곳에서
생명의 힘 길어 올리듯

봄동을 먹으면
온 마음에
봄이 동(動)한다

엄마의 레시피

아무리 완벽한 레시피도
완벽한 맛까지는
보장할 수 없는 법인데

언제나 환상의 맛 보장하는
울 엄마의 레시피는
과연 무엇인가

아무리 물어봐도
내 직접 관찰해 봐도
단순하고 소박하기만 하네

그건 아마도 추억이라는
천연 조미료 때문이 아닐까
하고 짐작할 뿐이지

홍매화

그리운 사람 있어
급히 달려왔구나

오자마자 그 사람과
딱 마주쳤구나

그렇지 않고서야
아직 추운 날씨인데

네 얼굴 이렇게
붉어질 수가 있나

이음동의어

우연히 만나고도
운명적이라 하고

운명적으로 만나고도
우연이라 하네

같은 사람도
다른 사람에게는
전혀 다른 얼굴일 수 있지

그렇다면 우린 서로에게
운명일까, 우연일까

메소드

나는 연극보다 더
극적으로 살고 싶었네
극적으로 만나고
극적으로 사랑하고
극적인 죽음 맞이하는

그게 희극이든 비극이든
희비극이든
삶이 연극보다 더 극적일 수 있다면
그까짓 운명도 캐스팅하리라,
죽음도 캐스팅하리라
했었지

이제 그 뜨거운 시절은 가고
내 인생, 발 연기였음을 알았지만
나를 통째로 캐스팅했던
그 극본이 그립구나

개화

고통이 모이고 모여
견딜 수 없는
특이점 되었을 때

정녕 온몸을 다하여
폭발하는 것이다

우주가 탄생하던
태초의 그 순간처럼

그렇게 충격적으로
피어나는 것이다
막 시작되는 것이다

행복은 지금

지루하다 지겹다
하지만 행복은 바로
지금이야

설렘도 화려함도 없다
하지만 지금이 바로
행복이야

지금이 아니면
영원한 지금 속에서
어떻게 행복을 찾을까

축하객

졸업식 때마다 참석했던
눈과 추위는
그땐 불청객이었지만
지금 생각해 보면
진정한 축하객 아니었나 싶어
순수한 삶을 응원하러
눈은 며칠 전부터 와 있었고
추위는 멀리 봄을 예약해 놓고선
밤을 새워 달려온 거였지
우리가 떠난 뒤에도
그들은 조금 더 머물다가
봄에게 예약석을 양보하고는
조용히 물러난 게 아니겠어?
우리가 어른이 될 수 있었던 건
그런 이들 덕분이었겠지

동그라미

둥근 꽃송이
둥근 태양
둥근 열매
둥근 겨울잠

생명과 계절이
손을 잡고
강강술래를 한다

이 황홀한 어지럼증이
생이라는 이름의
꿈인가

후각(後覺)

불쌍한 사람만 보면
무조건 도와주다가
때로 바보가 되기도 했던
너의 그 약한 마음
나도 여러 번 충고했었지

하지만 이젠 알아
약자에게 약한 사람이
실은 가장 강한 사람이란 걸
어둠 속에서 빛나는 사람이
가장 아름답다는 것도

너의 진심으로 하여
나는 비로소
뒤늦은 깨달음을 얻었네

등불

삶의 순간마다
수많은 등불
켜졌다 꺼졌지만

첫 만남
네가 켠 등불은
아직도 꺼지지 않고
내 마음 밝히네

엄마 여행

엄마 품 떠나
세상 곳곳 돌아다녔지만
생각하면 단 한 번도
그 품 떠난 적이 없었네

아무리 먼 곳에 가도
엄마 품이 따라왔고
여러 번 목적질 바꾸었지만
결국 도착은 엄마 품이었으니

말하자면
엄마 품은 나에게
단 하나뿐인 여행지였던 것

그리움

이렇게 멀리 떠나왔는데

생각해 보니

마음을 두고 왔구나!

나의 시

외롭다
시를 써야겠다
시가 아니었다면
외로움이 칡덩굴처럼
내 영혼을 얽어맸을 터
아니, 외로움이 아니었다면
시는 아예 태어날 수 없었을 터
사랑을 모르고 사랑을 하듯이
시를 모르고 시를 쓰리라
외로움이여, 시를 업어라
세상의 험한 고갯길
노래하며 넘어가자
기쁨도 슬픔도
모두 업고
가자

불가지

아쿠아리움의 저 상어는
바다 적 시절보다
지금이 더 행복할까

내가 상어의 말을 안다면
상어가 내 말을 안다면

물과 뭍의 경계에서 만나
진지하게 물어볼 텐데

허심탄회하게 대화 나눠 볼 텐데

꽃의 수다

혼자뿐인 교무실
주말이라 아이들도 없는데
창밖이 수런거린다

물음표 따라 나가 보니
화단에 봄꽃들이 모여서
수다를 떨고 있다

사월

한 점 바람에도 춤추는
연두색 이파리처럼

내 사소한 얘기에도
귀 기울여 주던, 언제나
푸르게 웃어 주던

너를 잊지 못해
나는 사월만 기다리네

너는 나에게
천국을 선물하고
천국으로 떠난 사람

이중주

쾌락으로 기울면
안으로 쓰러지고

고통으로 기울면
밖으로 쓰러진다

우리의 삶을
쓰러지지 않게 하는 건
가운데의 중심축

그 균형으로 하여
인생은 달릴 수 있다

대유행

시장의 중심을 관통하여
강물이 흐른다

그 속엔 엄청난 속도로 치닫는
유행들, 바닥에 쌓여 가는
퇴행의 침전물들

나도 얼결에 휩쓸렸다가
겨우 강기슭 잡고 기어올랐다

강둑에 서서 바라보니
미친 유행들이 떠내려가며
괴성을 지르고 있다

달맞이꽃

노오란 볼 가운데
연모의 정을 담고

달빛을 부르는
사랑의 세레나데

아침이면 저무는
절반의 사랑이지만

둥근 꽃 바퀴엔
이미 밤낮이 들었네

빈틈

엄습이란 말이 가장 옳다
근심은 불행을 끌고 와
생활의 빈틈을 노린다

아주 작은 낌새라 해도
무시할 수 없는 건
언젠가는 현현하고야 말
어둠의 최후통첩이기 때문

집요한 틈새와
그 틈새를 막으려는 몸부림

그 척력으로 하여
사람들은 쓰러지지 않고
어둠 또한 흩어지지 않는다

아름다운 순간

어제는 개화가 한창이더니
오늘은 낙화가 한창이군요

그 앞을 그냥 지나치려다
왠지 모를 애틋함에
서로 눈 맞추고 섰습니다

꿀벌이 봄볕처럼 잉잉대고
먼 데서 꾀꼬리 노래하는

이 순간이 아름답지 않으면
또 언제가 아름다울까요

방관자의 죽음

내가 양심을 방관한 사이에
그는 죽었습니다

그의 죽음은 곧
나의 죽음

나는 자괴의 용기로써
가장 두렵고 견고한 벽을
부수었습니다

이제 양심보다
더 강하고 두려운 건
나 자신뿐입니다

예술적 불만

창작은
표절의 지뢰밭

앞선 모양 밟지 말 것
앞선 소리 밟지 말 것
앞선 동작 밟지 말 것
앞선 언어 밟지 말 것

하지만 어디에 묻혔는지
어떻게 다 아는가

하! 이제는 예술도
전쟁터로구나

죄의 딱지

소 그림 위에다
부위 이름 좀 붙이지 마

돼지 몸 올려놓고
해체 쇼 좀 하지 마

가장 잔인한 지옥은
우리 마음속에 있으니

후회도 모르는 죄와
죄도 모르는 죗값 위에다
딱지를 붙여라

느릅나무

나는 이 나무가
느릅나무인 걸 알고 놀란다
이름만 알고 있던 사람을
실제로 만난 것처럼

하지만 나무는 놀라지 않는다
스스로가 아닌, 사람들이
제멋대로 붙여 준 이름이니까

그럼에도 난 이렇게
아름다운 이름에 놀라고
아름다운 모습에 놀라고
뒤늦은 만남을 부끄러워하니

아, 어쩌면 인생이란
이렇게 갈수록 새로운가

명멸하는 삶

어제는 없었는데
오늘은 있다

오늘은 있지만
내일은 없을 것이다

모든 존재는 명멸한다
마치 저 등대처럼

우리의 삶도
그렇게 반짝인다

짝사랑

생각해 보면
짝사랑은
나를 사랑하는 일

마음으로만 외쳐
메아리조차 없는 사랑은
사랑이 아닌
슬픔의 미장센일 뿐

그러니 짝사랑은 결국
나를 사랑하는 일
나의 짝사랑을 사랑하는 일

매너

매너는
마트 같은 데선
팔지 않는다

오로지
마음속에서 피워
타인을 향해 건네는 꽃

그 향기는
타인의 내면에서
또다시 봉오리로 맺히고

그러니 매너는
편의점 같은 데선
절대 살 수 없는 것이다

생몰년

인물의 약력을 볼 때면
제일 먼저 생몰년에
눈길이 간다
생과 몰의 간격이
궁금해서다

그 간격 어디쯤
나의 향년도 있겠지 싶어
생몰년을 늘였다 줄였다 하며
대입해 보는 것이다

고통 역(役)

이 연극에선
꼭 필요한 배우다

행복, 성취, 자유 등속을
등에 지고 다니면서
자신을 이긴 사람들에게
보상으로 선물해 준다

선한 캐릭터인데도
관객들은 악역으로 여긴다
때론 현실의 진짜 악인으로
오해받기도 한다
등이 안 보이는 탓이다

그는 조연이지만
인생이라는 무대에서는
주인공이나 다름없다

배움

요즘 학교에선
참 많은 걸 가르치지만
살면서 알고 지켜야 할 것
그리 많지 않으리

생명을 존중하고
선(善)을 사랑하며
아름다움을 느끼는 일 빼면
더 배울 게 그 무언가

그날

그날은 짧았지만
내겐 영원처럼 길다네

우리의 대화는
창 너머 파도처럼
아직도 마음속에 출렁이고

숨찬 언덕길에서 만난
풀꽃들의 어여쁨
자꾸만 되새기게 되네

세월은 돌아보지도 않고
또 바삐 흐르겠지만
우리 잠시 멈췄던 그날은
영원히 흐르지 않으리

그리운 시절

대학 시절에 공부했던
전공책 하나 펼치니
30년간 끼워졌던 시간이
툭! 하고 떨어진다

그 시간 주워 들고
천천히 책장을 넘기자
지금보다 순수했던 필적들이
옛 주인 낯설게 쳐다보네

하루빨리 벗어나고만 싶던
방황과 불안의 시절이
훗날 이리 큰 그리움 될 줄
그땐 정말 상상도 못 했지

진정한 아름다움은
본인이 캄캄하게 모를 때야
가장 빛난다는 걸
긴 세월이 깨닫게 하네

친구

자기도 어려우면서
전 재산을 털어
내 병원비 냈다고?

내 혹시 식물에서
인간으로 되돌아가면
이 말 꼭 해 주리라

나쁜 놈!

너 때문에 나는
죽어서도 가난하겠구나

오월

어쩌면 오월은
꿈속인지도 몰라

열두 명이 길을 나섰는데
나중에 알고 보니
한 사람은 유령이었더라
하는 이야기처럼

나는 왜 오월이
이 세상에 없는 계절로만
느껴지는 걸까

그건 아마도 오월이
제일 환상적이기 때문일 거야
마치 너처럼 말이야

의미적 인간

세상을 가득 메운
고밀도의 허무 속에서도
기가 막히게, 가히 천재적으로
의미를 발굴해 내는

그 능력 하나로
인간은 어둠에서 벗어나
빛을 향할 수 있다

비록 그 의미들 모두
추상의 집에 불과하다 해도
덕분에 우리는 한평생
꿈을 꿀 수 있으니

가시 경전

장미 화원에 들렀더니
꽃은 일러 피지 않고
가시들만 따끔한 눈길
내게 쏘아 보낸다

나도 실망한 눈으로
그 가시들 바라보다가
여태껏 몰랐던 아름다움에
뜨끔하고 마음 찔린다

고귀함을 지키려는
저 당당한 경고를 보라
결코 먼저 공격하지 않는
저 순수한 방어를 보라

논어, 맹자보다 더 깊은
생의 가르침을
내 어찌 마음에 새기고
돌아보지 않으랴

작은 위로

'사람'과 '삶'은
동의어래

이름과 운명이
똑같으니

사람은
살 수밖에 없지

안 그래?

대릉원에서

놀라워라!
무덤들이 만들어 내는
이 평화와 아름다움

삶 속에 죽음이 눕고
죽음 속에 삶이 선 듯

호위병 같은 나무들과
성악가 같은 새들이

생과 사가 함께 건설한
천국을 지키며 노래하네

과정의 꽃

처음부터 꽃이면
무슨 재미가 있나

또 영영 피지 않으면
무슨 의미가 있나

힘겹게 움트고
열심으로 피워 나가는

그 과정이 재미인 거지
그 노력이 의미인 거지

인생이 그렇듯이
배움이 다 그렇듯이

백복령

너를 품었던 마음
이제는 내려놓고 가려 해

돌아보면 우리 사랑
얼마나 순하고 부드러웠던가
또 해맑고 빛이 났던가
너무나 오랜 기다림이
서로를 돌로 만들기 전까지는

하여 무거워진 마음
여기에다 내려놓고 가려 해

울음이 없어서 더 슬픈 뒷모습
바다를 흔들며 내려가네

낙화

조금만 더
시간을 달라고
애원하지 않으리

나의 시간은
일찍이 개화로부터
정해졌으니

때가 오면
죽음을 향해
미련 없이 추락하리

영원 속에다
아름다운 궤적만을
남긴 채……

백 투 더 패스트?

지금의 지식 그대로
과거로 돌아가면 참 좋겠네
무지했던 젊음,
부끄럽지 않게 바꿔 놓고
굵직한 성공도 주렁주렁 매달아
나의 삶, 꽤나 화려해질 수 있으리

하지만 그건 정말 곤란한 일
생각하면 지금의 나는
그때의 미숙함이 키워 준 것이니
과거가 완벽했던들
모난 돌 정 맞듯 다듬어진
지금의 내가 있었을까

푸념

백 년도 안 되는 인생에
무슨 걱정 이리 많고
또 알아야 할 것들 태산인지
늘 시간에 쫓기다 보니
마음 바닥에선 불이 난다네

저 느티나무처럼 한 천 년
유유히 살다 가든지
아니면 차라리 하루살이처럼
아침에 나왔다가 저녁이면
쿨하게 퇴장할 일이지

애매한 백 년을
모진 땡볕 아래 살면서
정신과 육체를 건어물처럼
천천히 말려 가야 하는가
이것 참 환장하겠군

스테이플러

흩어진 기억들
가지런히 모아서
꽉! 고정시켜 주세요
두 번 다시는
분실되는 일 없도록

나는 사라져도
통째로 사라질 겁니다
이리저리 나뉘거나
흩어지고 싶지 않아요

나의 문학

너는 나에게
시고, 소설이고, 희곡이야

왜냐하면 넌
모든 아름다움의 비유니까
그 아름다움 믿을 수 없어
허구처럼 느껴지니까
또 너는 언제나 내 삶의
주연이니까

하지만 난 네가
수필이라면 더더욱 좋겠어
수필은 언제나
사실만을 쓰는 거잖아?

저녁에

빵의 속살처럼
부드러운 저녁이 온다
생의 마지막처럼
아름다운 저녁이 온다

향기로운 어둠에
마음이 젖고
서로의 환한 웃음에
영혼이 젖네

식탁에 마주 놓인
국수 두 그릇
그 소박한 인연이
우주를 밝히네

붉은 장미

고교 시절 자취방 앞에는
붉은 장미 만발했지

의자를 내놓고 시를 읽다가
와락 달려든 향기에 코가 찔리고
머리가 띵한 적 있었는데

바로 그때야, 내가 미친 건
그 향기에 혼이 찔렸던 거지

그때까지 시들했던 시들이
백 미터 막 뛰고 난 심장처럼
날뛰기 시작했거든!

유월애(六月愛)

풀빛이 들에 번지듯
그대 내 마음에 번져서
나는 여름처럼 싱그러워집니다

혹여, 무성한 나를 두고
그대 떠나실 때는
이 푸름도 거두어 가세요

그대 잃은 빛깔이란
나에게 단지
슬픔의 배경일 뿐이니까요

구별 없는 아름다움

아이들에게
꽃 구별법 알려 주려다
그만두었다

꽃 이름 안다고 해서
그 꽃이 더 예뻐 보일까

지금 교정에는
진달래가 다녀간 후에

철쭉과 영산홍이
구별 없이 피어서
구별 없이 아름답다

생의 고고학

처음 만났던 설렘들
낯익음 속에 숨어 버리고
세상의 표정은 무심하여라

그러니 평범이란
사실 얼마나 큰 비범함인가
또 일상 속엔 얼마나 많은
설렘이 숨어 있는가

세월의 더께 벗겨 낼수록
조금씩 보이는 신비와 경이,
공공연한 생의 비밀들

그 기쁨, 미소 되어 번지니
나는 어디에서도
행복한 사람임을 알겠네

행복한 하루

오늘은 종일
꽃만 보았습니다

아주 오랫동안
아주 많은 꽃을
아주 가까이서 보았지요

그래서 오늘은
아주아주 행복했습니다

소설 마을에 가면

 나는 시 마을에 살지만 종종 소설 마을로 놀러 간다. 다르면서도 참 비슷한 마을. 우리 동네서 볼 수 있는 비유와 상징이 거기도 무성한 것은 둘의 시원(始原)이 같아서이리라. 마을로 들어서면 무수한 집들이 펼쳐져 있다. 유명한 집에서부터 아는 사람만 아는 집까지. 그중 《어둔리로 가는 길》은 매우 독특한 집이다. 대문을 들어서는 순간 확신이 증발한다. 들어가도 들어가지 않은 것 같고, 들어가지 않아도 들어간 것 같은 집. 나는 이미 여러 번 그 집을 다녀왔지만, 한 번도 다녀오지 않은 건지도 모른다. 당신은 한 번도 그 집을 다녀온 적 없지만 이미 여러 번 다녀온 걸 수도 있다. 그 비밀을 묻자 했으나 주인은 늘 출타 중이었다. 사람들은 그가 출타한 게 아니라 다른 집을 짓기 위해 아예 떠난 거라고 했다. 그래서 나는 나름대로 이렇게 결론을 내렸다. 그 집은 우리가 태어나면서부터 살게 되는 마음속의 집일 거라고!

교실 오감도

오늘도교실엔
책을보는아해와
폰을보는아해와
엎드려자는아해와
그렇게뿐모이었소

아니사실은
잔소리조차못하는
까마귀도한마리있소
참눈앞이캄캄하오

아라홍연

나는 너의
아라홍연이 될게

700년 가로지른 세월
일곱 개의 징검다리처럼
성큼성큼 건너서

너와 눈 맞춤 할게
오랜 세월의 눈을 뜰게

너도 마음에 불을 켜고
환하게 날 바라봐 줄 거지?

말 없는 사랑

너를 만날 때 나는
말 없는 기쁨이 되고

네가 떠날 때 나는
말 없는 슬픔이 되네

네가 없을 때 나는
말 없는 어둠이 되고

네가 돌아올 때 나는
말 없는 햇살이 되네

무지와 무식

수많은 지식은 결국
우리의 무지를 가르치지만
그 깨달음은 오직
아는 자에게만 온다

흰색에 흰색을 더하면
계속 흰색이지만
모든 색깔을 더하면
검은색이 되는 것처럼

많이 알아야만
제대로 모를 수 있다

크레파스와 물감

아이야,
이제는 크레파스를 버려라
울긋불긋 화려하지만
어디에도 스미지 못하는
슬픈 색깔들

너의 마음 누군가에게
스밀 수 있게
누군가의 마음 너에게
스밀 수 있게
이제는 크레파스를 버리고
물감을 사자

서로에게 깊이 스며 물들 때
우리의 사랑도
지워지지 않는 추억처럼
오래 아름다울 거야

실패자

내 삶의 실마리는
실패 속에서 찾을 수 있네
일찍이 죽음에 실패하여
나는 삶이 되었으니

미움에 실패하여 사랑이 되길
두려움에 실패하여 용기가 되길
울음에 실패하여 웃음이 되길
어둠에 실패하여 빛이 되길

그리고 나는 또
모든 불행에 실패하여
너의 행복이 되고 싶다

외로운 괴물

아침부터
자욱했던 외로움

한낮이 되어도
걷히지 않았다

저녁에는
어둠을 들이켜고
괴물이 되었다

세상은 밤새
외로움의 뱃속에
웅크리고 있다

'나'

'나'는 복제되었고
둘은 같은 시공간에 있다

생각과 행동이 똑같아
서로를 의식할 수 없다면
'나'는 하나인가

둘이 서로의 존재를
분명히 의식할 수 있다면
'나'는 둘인가

'나'가 더 복제되어
수천, 수만 명이 된다면
'나'는 누구인가

장마의 끝

지루한 장마 끝에
하늘이 푸른 눈을 뜨듯

우울하고 어두운
생활의 끝에서
그대도 푸른 눈을 떠라

햇살 같은 웃음으로
온 세상 다시 밝힐 그대여

비구름 속에 갇혔던
그 웃음소리 그립구나

꿈꾸는 여름

지난여름은 꿈이야
올여름도 꿈이야
내년 여름은 더 꿈이야

나는 언제나 여름을 꿈꾸고
여름은 언제나 나를 꿈꾸지

내 모든 것 활활 불태우는
영원의 불꽃이여
나는 죽어도 죽지 않는
그의 품에서 죽으리라

성실

나는 언제나
너의 성실을 사랑하네

설령, 그 성실이
누군가의 불성실에
패배한다 해도

그 아름다움은 결코
패배하지 않으리

또 그건 무엇보다도
영혼의 향기이므로

나는 전 생애로써
너의 성실을 사랑하네

느티나무

내가 온종일
별일 없이 보내도
넌 곁에 있어 주었지

훌쩍 떠나 버릴까 봐
불안하지 않고
외로움도 그리움도
늘 함께해 주던

오랜 바람에 불려
내 영혼과 육신
또 다른 삶일 때까지
나도 널 지킬게

행복한 얼굴들

정말이지 이 세상엔
얼마나 많은 눈이 있는지
얼마나 많은 마음이 있는지

자기가 제일 좋아하는 것 찾아
마음속에다 모셔 놓고
혼자 미소하는 사람들을 보라

더 놀라운 건
내가 끔찍이 싫어하는 것도
누군가의 마음속엔 있다는 사실

하긴 공짜로도 안 가져갈
돌멩이 같은 시를
보석이라 우기는 나 같은 이도 있으니

돌멩이도 보물이 될 수 있고
보물도 돌멩이가 될 수 있다는
이 상대적 관심이야말로
행복이 지닌 본모습이 아닐까

인터뷰

네, 맞습니다

내가 인간을 창조한 건

선과 악의 폭이

얼마나 넓을 수 있나 하는

호기심 때문이었죠

그런데 만들어 놓고 나서

나도 깜짝 놀랐답니다

그 까마득한 너비에

우주 만물이 다 들어가는 거예요

당연히 천국과 지옥도

그 속에 있지요

거대한 하루

누구는 태어나고
누구는 죽고
누구는 울고
누구는 웃어도

하루의 얼굴은
평화롭기만 하네

그 평화 속에 전쟁이
그 전쟁 속에 평화가
태어나고 죽고 울고 웃는

이 하루보다 더 큰 세상이
어디 있는가

고통과 함께

나는 더 이상
그와 싸우지 않네

우린 좋은 친구여서
서로가 서로를 위로할 뿐

긴 세월 함께 걸으며
단짝이 된 이후로는

내 인생 왠지 더
웃을 일이 많아졌네

호랑지빠귀

삐-이-이-이-이-----
하고

산의 깊은 가슴 끌어와서는
고향 마을에 부려 놓던

그 특이하고도 낭만적인
그 슬프고도 아름다운 노래의 주인공을
오늘에야 알게 되었다

호랑이 무늬를 닮았다 하여
호랑지빠귀!
그 새가 고향을 물어 와
내 마음에 떨어뜨리고 갔다

식당에서

어린 남매가
폰에 초집중이다

덕분에 확보된
평화로운 시간에

젊은 부모들은
부지런히
술을 따르고

유령이 머니?

돈이 조개껍데기고
쇠붙이고, 종이였을 땐
실감이라도 있었지

요즘 돈은 그냥 숫자에 불과해
그 숫자를 위해서
만백성이 뼈 빠지게 일하는
어이없는 시추에이션?

인터넷 뱅킹에 들어가
내 통장 잔고 뒤에
0 몇 개 슬쩍 붙여 넣고 싶은

요즘 돈은 정말이지
숫자를 타고 돌아다니는
유령이야, 유령

일진 스님

도 닦는 데 왔으면
도를 닦으셔야지

졸업이 목표라면
묵언수행이라도 하셔야지

허구한 날 술판 벌여
고성방가에 싸움질이니

미꾸라지 용트림에
온 산사가 흔들리누나

고향

마을 사람들은 떠나고
동창들도 떠나고
날 알아주던 친구도 떠났지만

나는 아직도 여기에 남아
변함없이 하루를 맞이하네
변함없이 행복을 맞이하네

아침이 토해 내는 불덩이와
꿈꾸는 듯한 한낮의 햇볕과
고요한 저녁 어스름을 사랑하네

추억을 만든 이들은 다 떠났지만
그 추억은 떠나지 않아
나 스스로 추억이 되기로 했네

너만 있으면

너만 있으면
너의 기억만 있으면
나는 외롭지 않고
뭐든지 시작할 수 있는
힘을 얻는다

너만 있으면
너의 사랑만 있으면
나는 슬프지 않고
뭐든지 헤쳐 나갈 수 있는
용기를 얻는다

마이너스의 손

손대지 마라
얼씬도 하지 마라
너희 손 닿은 곳치고
망가지지 않은 곳 어딨더냐

가령, 산의 푸르름
홀라당 태워 먹은 후라도
제발 아무 짓 마라
가만히 내버려두면
자연이 알아서 다 해결한다

지금껏 너희 손끝은
악마의 성전 아니었던가

영원한 슬픔

파도처럼 밀려드는 슬픔은
슬픔으로 맞설 수밖에 없네

가는 곳마다, 보이는 곳마다
새롭게 펼쳐지는 슬픔, 슬픔, 슬픔들

슬픔이 없는 곳은 삶의 끝
또는 그 너머뿐이라고 생각했으나

슬픔은 경계가 없는 바다란 걸
오늘에야 캄캄한 눈으로 깨닫는다

구원의 짐

양심을 짊어지고
세상 속으로 걸어가면
나만 힘들고, 나만 바보가 되지

일찌감치 짐 내다 버린 자들한텐
오히려 조롱의 대상이 될걸

하지만 짐만 버린다고
삶이 가벼워질까, 영혼이 편안해질까

그 짐 속에 구원이 들어 있단 걸
이미 지옥에 사는 사람들은
꿈에도 모를 거야

진리

그토록 찾아 헤매었건만
없었다!

단 하나뿐인 책도
단 하나뿐인 하늘도
단 하나뿐인 나 자신도

여러 얼굴이 얼굴 내밀 뿐
단 하나란 건 없었다,
애초에 이 세상엔

복제 세계

시간의 함정인가
복사된 듯 낯설어진 세상
아무 예고도 없이, 낌새도 없이
스르륵 자취를 감춘
원본의 실감

모두가 그대로인데
무엇 하나 바뀐 게 없는데
뭔가 변한 듯한 이 느낌은 무엇인가
미로처럼 늪처럼
혼란스러운 머릿속은 왜인가

난기류에 휩쓸린 거겠지
아니면 상상의 싱크홀에 빠졌든가
아무튼 곧 벗겨질
신의 짓궂은 장난일 거야

환절기

여름이 가고
가을이 오는데
놀라는 이 아무도 없다

서운함도 반가움도
묻어나지 않는 얼굴들

한 아름다움이 가고
한 아름다움이 오는데……

아으, 겨울 같은 마음엔
감기도 들지 않겠네

악마들

또 하루를
무사히 살아남아
하늘 아래에 섰지만
먹고, 자고, 싸고
쓰레기 낳은 일 빼면
이 세상에 남길 것
과연 무엇인가

살아 있지만
삶이 아닌 것들아
죽음을 더럽히지 말고
차라리 곱게 스러져
거름이나 되어라
삶의 끄트머리나마
보람될 수 있게

판관과 의원

참으로 가볍구나
젖값이여

가해자의 천국이자
피해자의 지옥에서도

높으신 분들의 주변은
늘 안전하시니

정의의 물음표는
평생 떨어지지 않으리

금사슬나무

그대는 누구보다도
아름다움을 많이 느끼는 사람
그래서 누구보다도
아름다운 사람

고운 심성에 돋을새김된
눈을 뜰 수도 감을 수도 없는
황금빛 사슬

밤이면 남몰래 들여다보는
이 세상 가장 아름다운
슬픔이여

천국의 말

가장 아름다운 말은
내 마음속에 있다고 믿었지
언제나 널 행복하게 할
세상에서 가장 빛나는 말은

하지만 그건 착각이었네
늘 설렘과 기쁨 주는
이 세상 가장 빛나는 말은
모두가 너의 말이었으니

우리를 꿈꾸게 하고
온 세상 아름답게 물들이는
나는 너의 말 속에서
가장 가까운 천국을 느끼네

전선

우리는 지금
전선(電線)을 타고
전선(戰線)에 서 있다

속도에 중독되고
전파에 감전되어
알면서도 모르는 사이
전선은 지구의
핏줄이 되었던 것

미래의 어느 날
잠깐의 심장마비로
도시는 목숨을 잃으리

새벽

긴 어둠 끝에 생기는
빛의 균열들

하루가 알을 깨고
나오려 한다

배추밭에서

늦가을 배추밭
싱싱한 푸른 내음에
시들었던 마음도
퍼들퍼들 되살아나네

햇빛과 산그늘 겹쳐
알 꽉 찬 배추의
저 탄탄한 몸속에는

다가오는 겨울도
초록 옷 입고 건너갈
봄의 정령이 사는 듯

늦가을 배추밭
싱싱한 푸른 내음에
시들었던 삶까지
퍼들퍼들 되살아나네

미의 여신

건물로 들어서던 여인이
현관 앞의 꽃을 보더니
잠시 멈추어 선다

이젠 아예 쪼그려 앉아
한참을 들여다본다

미의 여신은
작은 것에서도
큰 아름다움을 보는구나

속도의 역설

빠른 것은 더 빠르게
쾌락을 판매하지만

느린 것은 더 느리게
행복을 선물한다

빠른 것은 더 빠른 것에
묻히고 말지만

느린 것은 더 느린 것을
계속 빛나게 한다

깊이에 대하여

한 3년쯤은 살아 봐야
그 지역에 대해
조금은 알 수가 있겠지

경주에서 한 3년쯤
제주도에서 한 3년쯤
목포에서 한 3년쯤

그러다 보면 수십 년 세월
훌쩍 지나 버리고
모르는 지역만 잔뜩 남긴 채
인생은 끝나겠구나

당신이 잘 아는 지역은
어디 어디인가
당신이 잘 아는 사람은
누구누구인가

빛나는 갈등

누가 칡이고 누가 등나무든
서로의 얽힘 없었다면

우린 서로를 알지도 못했으리
해법을 고민할 기회조차 없었으리

얽힘과 풀림, 그 속에 숨겨진
생의 비밀 서로가 눈치채니

지옥에서 천국을 발견한 듯
새로운 갈등의 빛남이여

평범한 행복

아무리 꽃나무라 해도
꽃 피운 날은
그리 많지 않으리

아무리 과실수라 해도
열매 매단 날은
그리 많지 않으리

우리 인생도
꽃 없고 열매 없는 날이
대부분이고 보면

어찌 평범한 날의
평범한 행복이
더 소중하지 않겠는가

금계국

우와!

어두운 땅속에
저렇게나 많은 황금이
묻혀 있었다니

벅찬 사람

이 세상 모든 사람을
사랑할 수 있나
어쩌면 그럴 수가 있나

행운처럼 만나지는
숲 같은 사람을
숲속의 나무 같은 사람을
나무 사이 햇살 같은 사람을

그런 사람을
나는 잠시 사랑할 뿐이지

그 한 사람만으로도
나의 세상은 너무나 벅차기에

잊으려면

잊으려 애쓴다고
잊을 수 있나

그럴수록 그것은
더 떠오르고
더 선명해질 것을

잊어야 한다면
잊어야 한다는
그 마음을 잊어야지

어쩌면 인생은

캄캄한 봉오리 속에서
봄을 찾아 헤매다가
가을에 그만 밖으로 나온
저 진달래꽃처럼

나도 어쩌면
내 고향 찾아 헤매다가
남의 고향에 불쑥 태어난
이방인인지도 몰라

그 낯선 계절, 그 낯선 장소를
자기 걸로만 알고 살아가는

그래, 어쩌면 인생은
본디 그런 거였는지도 몰라

죄악

책장을 넘기면
나무의 살결이 느껴진다

한 권 책 속에도
인류의 죄악이 가득한데

수많은 살육으로 빚어낸
이 문명은 얼마나 끔찍한 것인지

그 무엇으로 태어나도
이 비린내 씻을 수 없으리라

어떤 시

그 누가 보더라도
아름다운 시였다

생명의 존엄을 주제로 한
그 시는 모든 면에서 완벽했고
그래서 아주 오랫동안
최고의 작품으로 칭송받았다

그 시를 지은 자가
수십 명을 잔혹하게 살해한
연쇄 살인마임이 밝혀지기 전까지는

만추

떨어진 잎새가
이렇게 예뻤던가
마른풀 냄새가
이토록 향기로웠던가

쌀쌀한 바람조차
두 귀를 싱그럽게 하고
떨어질 듯한 홍시가
내 마음 달콤하게 하네

온몸으로 느끼는
만추의 아름다움이여
인생의 저녁이
한없이 풍요롭구나

더 시인

아름다운 마음 지녔으면
모두가 시인이지

손끝 통하지 않더라도
세상을 아름답게 하는 건
그 마음이니까

때 묻은 마음으로
시를 쓰는 시인들보다

시를 쓰지 않아도
순수한 마음 지닌 그대가
훨씬 더 시인이다

목련을 위한 시

짧은 봄날보다
더 짧은 목련꽃으로
나의 사랑은 지고

어디에선가
푸른 위로의 말
오래도록 들려왔더니

그 가을, 목련 잎이
말풍선 닮은 걸 보고야
모든 걸 깨달았네

목련 잎은 목련의 입!

그리하여 나의 사랑은
진 것이 아니라
이겨 낸 것이라고!

잡초는 없다

나의 화단에는
잡초가 없다

모두가 기적을 뚫고 나와
한세상 누리다 가려는
영물들

크든지 작든지
연(軟)하든지 억세든지
살아 있는 건 모두가
신의 자손들

내가 패륜아도 아닌데
어찌 혈육을 죽일 수 있나

작별 인사

잊어 주세요
나는 이미 지워져
흔적조차 없답니다

나는 그대 삶에
아무 의미 없는 사람

잠시 스치고 지나간
바람과 같은 사람

아니 처음부터
존재한 적도 없는 사람

그러니 잊어 주세요
잊을 틈 없이
그대는 자유입니다

나에게로 돌아가자

너무 많은 걸 알려다가
너무 많은 걸 얻으려다가
너무 많은 사람 만나려다가
너무 많은 곳 가 보려다가

호수처럼 출렁이는 시간들
가뭄 귀신이 다 마셔 버렸네

이제는 지나친 욕심 버리고
다시 내게로 돌아가자
더 늦기 전에 버릴 것 다 버리고
소중한 사람만 남겨 놓자

내게 소중한 이는 누구인가
또 나는 누구에게 그런 사람인가
하고 밤새도록 생각해 보며

반면교사

빛을 통해
어둠을 배울 수 있고

어둠을 통해
빛을 배울 수 있으니

저 무례한 자에게
배워야 할 건

오직 예의뿐이다

평형

그에게 해 준 만큼
돌려받지 못한다고
서운해하지 마

기억도 없는 먼 옛날
그는 이미 너에게
모든 걸 주었을지도

불균형은 언제나
균형을 향해 흘러가느니

기울어진 관계도
언젠가는 평형을 이루어
신과 만날 것이다

반성

회 쳐 먹고
데쳐 먹고, 무쳐 먹고
고춧가루 쳐 먹고

가리지 않는
잡식성 식욕으로
탐욕의 꽃 활짝 피웠으니

두꺼운 피하지방 아래
내 얄팍한 정신이여
하! 숨이 막힌다
기가 막힌다

시 농부

시 열매를 제대로 맛보려면
천천히 오래 씹으면서
지그시 눈 감을 줄 알아야 하네
영양분이 내면에 스미어
굵은 핏줄이 되고
목울대의 깊은 육성으로 자라면
감동은 미소 따라 번지리

인생은 고단하지만
아름다움을 향한 마음 끝에서
시의 영토는 탄생하는 것
비유의 텃밭에서 온종일 흘린 땀이
몇 개 튼실한 열매로 거두어지면
두루 무상으로 나누어
그 깊은 맛 함께 누려 보리라

아무리 추위가 괴롭혀도
시심은 또 어둠 속에서 싹트고
혹독한 가뭄과 태풍 속에서도
속살은 내밀히 차오르리니
나는 한평생 영혼의 양식 키우는
시의 농부로서 살려 하네
시의 농부로서 죽으려 하네

십이월

너무나도 오랜 기다림
이제는 놓아주리라

그대 향해 치솟던 마음
끊어진 연(鳶)처럼 가라앉고

퇴색된 기억들 모두
찬 바람이 휩쓸어 가네

아픔도 후회도 없이
생의 끝을 향해 걸어가면

통곡처럼 쏟아지는 눈발
거기서 사랑은 영면하리라

아름다운 폐허

인간이 군림하던 때는
오직 그들만이 주인이었으나
시간이 문명을 허물고
자유롭고 평등한 생명 기르니
이젠 모두가 주인이로다

아름다운 폐허여
인간의 비린내 씻긴 자리에
빛나는 자연의 성전이여
인간이면서도 인간을 증오했던
그 슬픈 영혼 어디 있는가

생의 결말

갑자기 정전되어
확 꺼져 버리는 화면처럼
그렇게 끝날지도 몰라

아주 맑은 날이었다는 게
한층 비극성을 더해 줄지도

하지만 그런 결말
누구나 생각해 본 적 있을걸?
혼자만의 불안 속에서
적어도 한두 번쯤은

단지 그 주인공이
자기는 절대 아닐 거라며
황급히 외면했을 뿐

미완의 바람

못다 읽은 책을 덮고
훌쩍 떠나기로 결심한 저녁
어디선가 알 수 없는 바람 불어와
마음의 창을 흔들었다

고개 돌려 밖을 바라보니
웬 감나무 한 그루가
두 손을 세차게 내젓고 있었다
어머니처럼 야윈 손으로

순간 뇌성이 울리고
아린 소금의 빗발 쏟아져 내렸다
나는 새벽의 여명을 위하여
덮었던 책을 다시 펼쳤다

무지개

비 그치고
무지개가 떴다
하지만 진짜 무지개는
그 어디에도 없다

볼 수는 있지만
결코 손댈 수 없다는
그 아픈 자각, 그 슬픈 상징이
무지개의 실체일 뿐

비 그치고
무지개가 떴다
이제 진짜 무지개는
그대의 마음속에 있다

러너

혼자 달리는 고독 속에
순간마다 빛나는 고통 속에
나 이렇게 살아 있노라

알 수 없는 끝을 향해
길은 스스로 황홀하게 펼쳐져
둥근 태양 굴리며 가네

이제는 낙엽 깔리는
적요한 내면의 길을 따라
더 깊은 삶 속으로 들어가자

이 외로운 발자국이
가장 아름다운 풍경이었음을
끝에 닿아야 알게 되리라

오래된 비극

푸른 날엔
외로움도 그리움도
다 낭만 같더니

아, 이제는
영혼을 갉아먹는
지병 같구나

어디선가
자꾸만 갈라지고
부서지는 소리

하지만 생은
오래된 비극이라
슬프지 않네

마지막 인사

떠나야 하는 순간에야
세상은 불현듯 아름다워지리

끔찍했던 사람들 속에서
끔찍이 사랑했던 단 한 사람
비로소 환한 눈을 뜨리

숨겨진 것 드러내는
'마지막'이라는 카드가 있어
내 마지막 인사도
그대 두 손에 전해지리

유토피아

이 금은 예외가 없다
누구든 침범하는 순간에
먼지가 되어 사라진다

일상에 거미줄처럼 드리워
본성을 법에 가두었으니
어찌 더러운 반칙자들이
생존할 수 있으랴

오, 단호한 천국이여
영원히 빛날 정의여

손에 대한 기억

이유 없이 아프던 시절
누군가 마음에 손 얹어 주던
따뜻함에 대한 기억 있어

나도 언제부턴가
상처 난 나무만 보면
손 얹어 주는 버릇 생겼네

내 손이 약손은 아니지만
또 상처란 게
그리 쉬이 낫는 것도 아니지만

그때 그 손은
상처보다 더 깊은
내 외로움 치료해 주었기에

그대 이름은 마법사

지난 시간을 통틀어
가장 큰 후회를
꽝꽝 얼어붙어 떼지지 않던
그 지독한 후회를

마치 봄볕처럼 다가와
스르르 녹여 버린
내 마음속의 마법사여

나 다시 겨울이 와도
춥지 않겠네
또다시 생을 살아도
아프지 않겠네

그 기억

모든 이가 벽처럼
돌아섰을 때
끝까지 내 곁을 지킨
유일한 사람

이제는 그 기억
시간의 언덕을 넘어가
구름 속의 별이 되었지만

가끔 번개로 내리꽂히어
다시 내 마음
두근거리네

혼자와 둘

이제 이 행성에는
그와 나
딱 둘만 남았는데

사랑하는 사이라면
그 얼마나 좋겠는가만
불행히도 우리는
서로가 미워하는 사이

차라리 혼자가 나을까
그래도 둘이 나을까

아, 이제 이 행성엔
그와 나
딱 둘만 남았는데……

겨울눈

지난가을 백목련이
커다란 잎 떨어뜨릴 때
이제 나무도 좀 쉬겠지 했더니

웬걸! 그 쓸쓸함 속에서도
쉼 없이 겨울눈을 만든 것이다

저 보송한 주머니 속에
봄의 꽃잎 가득 채웠으니
나무는 설레어 잠도 못 자겠네

겨울눈은 겨울 눈 맞고
긴 겨울밤을 지새워야 하리
그러다 봄눈 내리면
번쩍! 하고 봄 눈을 뜨게 되리

나의 미소 띤 상상 속에서
백목련은 이미 눈부신 꽃을
가지마다 가득 피워 올리고 있다

실존

나무는 누가
푸르다 하지 않아도 푸르고
의연하다 하지 않아도 의연하고
외롭다 하지 않아도 외롭고
행복하다 하지 않아도 행복하다

타자와 관계없이
늘
<u>스스로</u>
그러하다

슬픔의 무게

지난번 습설에
수없이 부러지고 넘어진
소나무들을 보았네

사랑에 빠진 듯이
설레며 하늘을 나는
밝은 눈도 있지만

슬픔에 빠진 듯이
무겁게 추락하는
어두운 눈도 있음을

나는 오늘에야
슬픔의 무게를
실감하게 된 것이다

인생을 사는 법

누가 보아 주지 않아도
꽃들은 피어나고
누가 들어 주지 않아도
새들은 노래하네

누가 칭찬해 주지 않아도
나무들은 자라고
누가 응원해 주지 않아도
동물들은 달리네

나를 보아 주고, 들어 주고
칭찬해 주고, 응원해 주는 건
오직 신과 자신뿐이니
두리번거리지 말고
쓸쓸해하지 말고

단지 살아갈 일이다
묵묵하고 당당하게
그리고 또 멋지고 아름답게

연구자

시가 무엇인지
알기 위해
평생 연구실에
불 밝혔지만
결국

모른다!

라는
부끄럽지만
솔직한 결론
유언으로 남기다

졸업식

아이들이 떠났다
늘 왁자지껄하던 교실이
이제는 텅 빈 제비 집 같다

겨울을 두고 떠난다는 건
봄을 찾아 떠난다는 뜻이니

부디 자신만의 봄에 닿기를
그리하여 여름 따라 푸르러지고
가을 따라 여물어 가기를……

늘 왁자지껄하던 학교를
텅 빈 제비 집처럼 남기고
나의 꿈들이 떠났다

회귀

흘러가는 건
흘러가는 대로
내버려두기로 하자

계절이든, 생명이든
사랑이든, 감정이든

막으려야 막을 수도 없겠지만

흘러간다는 건
언젠가 되돌아오겠다는
약속이기에